1000

First Words in German

How to use this book

Learning a new language is fun. The best way to learn German is to go to a country where it is spoken all around you. Talking with someone who knows the language very well is good, too. If possible, share this book with a grown-up who will help you to pronounce the words properly and ask you the questions under each picture.

You may notice some ways in which German is different from English. For a start, all the words that are the names of things (called nouns) begin with a capital letter.

In English, there is only one word for **the**. We say **the house** and **the hat**. In German, there are three different words – **der Hut**, **die Burg** and **das Haus**. When we talk about more than one thing (plurals) in English, we usually put an **s** on the end of the word. In German, plurals are formed in lots of different ways, but the word for **the** that goes with them is always **die**.

The best thing to do is to try and learn the word for **the** when you learn a new word. You may notice that German has more than one word for a or an, too (for example, ein, eine, einen).

You may also notice that some German words have little signs above the letters. These help you to pronounce the word in the right way. German also has one letter that we don't have in English: **ß**. It stands for the sound **ss**.

Have fun learning German!

1000 First Words in German

Written by Nicola Baxter

Translated by Andrea Kenkman

Illustrated by Susie Lacome

ARMADILLO

This edition is published by Armadillo
an imprint of Anness Publishing Ltd
info@anness.com
www.armadillobooks.co.uk
www.annesspublishing.com

Anness Publishing has a picture agency outlet for images for publishing, promotions or advertising.
Please visit our website www.practicalpictures.com for more information.

© Anness Publishing Ltd 2020

All rights reserved. No part of this publication may be reproduced, stored in a retrieval system,
or transmitted in any way or by any means, electronic, mechanical, photocopying, recording
or otherwise, without the prior written permission of the copyright holder.

A CIP catalogue record for this book is available from the British Library.

Produced for Anness Publishing Ltd by Nicola Baxter

Editorial consultant: Ronne Randall
Designer: Amanda Hawkes

PUBLISHER'S NOTE
Although the advice and information in this book are believed to be accurate and true at the time
of going to press, neither the authors nor the publisher can accept any legal responsibility
or liability for any errors or omissions that may have been made.

Manufacturer: Anness Publishing Ltd, Algores Way, Wisbech PE13 2TQ, England
For Product Tracking go to: www.annesspublishing.com/tracking
Batch: 7607-24997-1127

Inhalt

Das Haus 6
Die Küche 8
Das Schlafzimmer 10
Das Badezimmer 12
Das Wohnzimmer 14
Der Speicher 16

Der Garten 18
Die Straße 20
Der Supermarkt 22
In der Schule 24
Die Fahrzeuge 26
Der Bauernhof 28
Der Park 30
Die Märchenwelt 32
Auf dem Lande 34
Der Hafen 36
Der Flughafen 38
Das Krankenhaus 40
Das Meer 42
Der Spielwarenladen 44
Die Werkstatt 46
Das Strandleben 48
Der Geburtstag 50
Die Körperteile 52
Aktive Bären 54
Die Jahreszeiten 56
Das Wetter 57
Das Lieblingsessen 58
Sports und Spiele 60
Die Musik 62
Das Kinderzimmer 64
Die Zahlen 66
Die Farben 68
Die Formen 69
Die Kleidung 70
Die Verwandten 72
Die Gefühle 73
Die Früchte 74

Das Gemüse 76
Die Blumen 78
Zu Tisch 79
Die Gegensätze 80
Die Vögel 82
Insekten und andere Tierchen 84
Wilde Tiere 86
Die Haustiere 88
Die Wörter 90

Das Haus

der Mülleimer

der Eimer

der Wergzeugkasten

der Blumenkasten

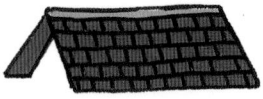

das Dach

das Rohr

der Weg

der Schornstein

die Leiter

das Fenster

die Tür

Who is in the garage?
Is the bucket blue?
Can you see two gloves?
Where are Teddy Bear's boots?

das Radio

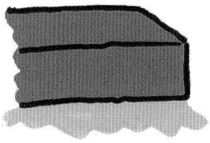

die Stufe

die Thermosflasche

die Butterbrotdose

die Steine

die Dachpfanne

die Kletterrose

das Licht

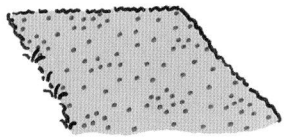

der Parkplatz

die Klingel

die Serviette

die Antenne

der Handschuh

Wer ist in der Garage?
Ist der Eimer blau?
Kannst du zwei Handschuhe sehen?
Wo sind Teddybärs Stiefel?

Die Küche

der Messbecher

der Topf

das Kochbuch

der Toaster

das Nudelholz

das Einmachglas

der Kühlschrank

der Holzlöffel

die Pfanne

das Geschirrtuch

die Mikrowelle

What is on the cooker?
How many wooden spoons can you see?
Who is looking in the fridge?
What is in the toaster?

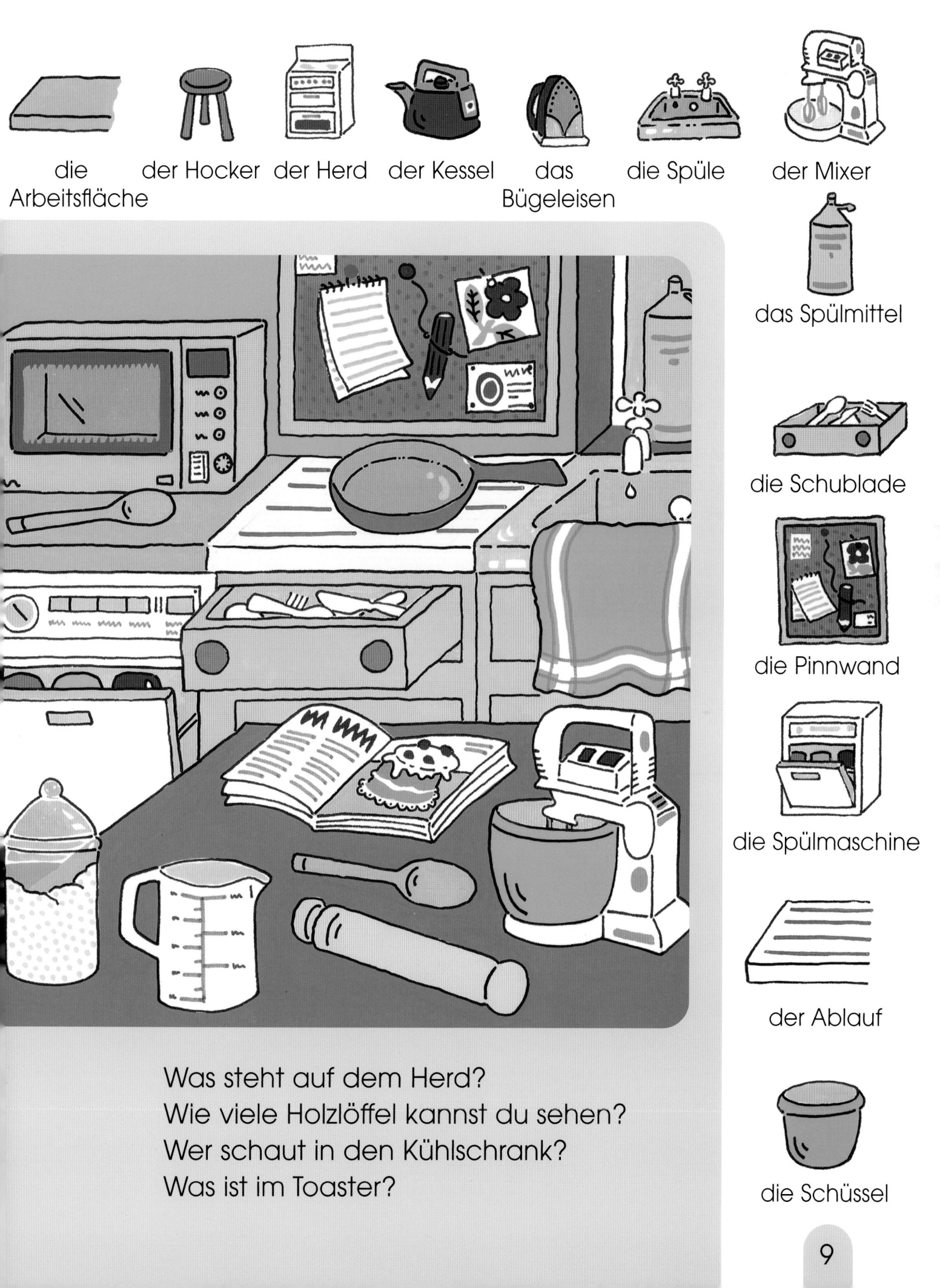

Was steht auf dem Herd?
Wie viele Holzlöffel kannst du sehen?
Wer schaut in den Kühlschrank?
Was ist im Toaster?

Das Schlafzimmer

die Haarbürste

die Bettdecke

das Mobile

der Kamm

das Bett

der Schrank

die Kommode

der Nachttisch

der Schlafanzug

der Morgenmantel

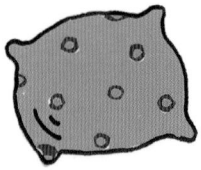
das Kopfkissen

What can you see in Teddy Bear's bedroom?
What is under the bedside table?
What colour are Teddy Bear's pyjamas?
What is on the bedside table?

die Hausschuhe

die Socken

die Kiste

das Poster

der Drachen

der Comic

die Lampe

die Messlatte

der Papierkorb

der Wecker

die Zeichnung

der Bügel

das Sparschwein

Was kannst du in Teddybärs Schlafzimmer sehen?
Was ist unter dem Nachttisch?
Welche Farbe hat Teddybärs Schlafanzug?
Was ist auf dem Nachttisch?

Das Badezimmer

die Seife

der Waschlappen

der Schwamm

die Zahnbürste

die Badewanne

das Waschbecken

das Toilettenpapier

die Dusche

der Duschvorhang

die Matte

das Schränkchen

What colour are the wall tiles?
What is on the bath mat?
How many toothbrushes can you see?
How many pawprints can you find?

die Toilette

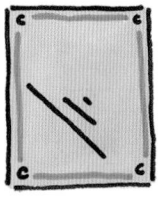

der Spiegel

die Nagelbürste

der Wasserhahn

die Waage

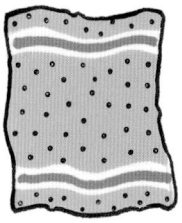

das Handtuch

das Haarwaschmittel

der Badezusatz

die Zahnpasta

das Segelschiffchen

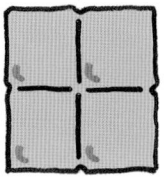

die Fliesen

die Bürste

die Gummiente

Welche Farbe haben die Fliesen?
Was liegt auf der Matte?
Wie viele Zahnbürsten kannst du sehen?
Wie viele Abdrücke kannst du finden?

Das Wohnzimmer

die Uhr

der Vorhang

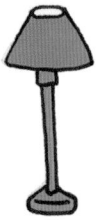
die Stehlampe

das Kissen

der Teppich

der Sessel

das Bücherregal

die Zeitschrift

der Staubsauger

die Pflanze

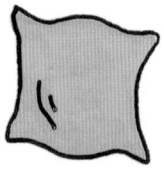
das Staubtuch

What is on the sofa?
How many dusters can you see?
What is on the bookcase?
What colour is the armchair?

die Zeitung

die Vase

der Videorekorder

das Foto

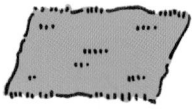
der Teppichboden

das Bild

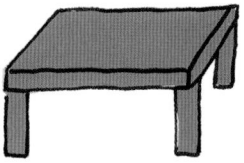
der Tisch

die Fernbedienung

das Sofa

der Kamin

der Fernseher

die Stereoanlage

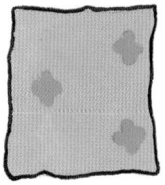
die Tapete

Was ist auf dem Sofa?
Wie viele Staubtücher kannst du sehen?
Was ist auf dem Bücherregal?
Welche Farbe hat der Sessel?

Der Speicher

die Wiege

das Puppenhaus

der Käfig

die Dachluke

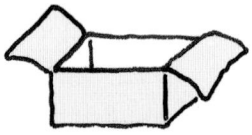
die Schachtel

der Bilderrahmen

der Koffer

die Schneiderpuppe

die Schier

die Birne

das Spinngewebe

How many jam jars can you see?
What is on the sledge?
Can you see a bed?
What is red and white?

die Farbe

der Liegestuhl

die Flaschen

der Sonnenhut

die Einmachgläser

die Falltür

die Angel

der Schaukelstuhl

der Christbaumschmuck

die Nähmaschine

das Schaukelpferd

die Schlittschuhe

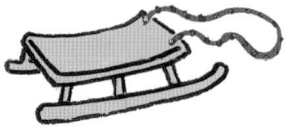

der Schlitten

Wie viele Einmachgläser kannst du sehen?
Was ist auf dem Schlitten?
Kannst du ein Bett sehen?
Was ist rot und weiß?

Der Garten

die Heugabel

der Rasen

der Rasenmäher

das Saatgut

die Schubkarre

die Heckenschere

die Erde

der Spaten

der Blumentopf

die Gießkanne

der Schlauch

What is on the lawn?
What is in the wheelbarrow?
How many birds can you see?
What colour is the watering can?

die Blätter

das Vogelhäuschen

die Hacke

das Gartengerät

die Schaufel

das Vogelfutter

der Schuppen

der Blumenkorb

die Harke

die Hecke

die Blumen

das Vogelbad

der Besen

Was ist auf dem Rasen?
Was ist in der Schubkarre?
Wie viele Vögel kannst du sehen?
Welche Farbe hat die Gießkanne?

Die Straße

das Fahrrad

die Taube

die Süßigkeiten

der Kuchen

der Bürgersteig

der Gitterzaun

die Laterne

der Abfalleimer

der Lieferwagen

der Fahrer

der Kinderwagen

How many wheels can you see?
Which shop sells lollipops?
What colour are the boots in the shoe shop?
Do you like cakes?

die Schule

die Bäckerei

das Paket

die Straße

der Lutscher

der Gully

der Helm

die Einkaufstasche

das Schuhgeschäft

das Straßenschild

der Süßwarenladen

das Springseil

die Stiefel

Wie viele Räder kannst du sehen?
Welches Geschäft verkauft Lutscher?
Welche Farbe haben die Stiefel im Schuhgeschäft?
Magst du Kuchen?

Der Supermarkt

die Geldbörse

das Geld

das Obst

die Handtasche

die Dosen

der Kunde

der Einkaufswagen

die Schlange

der Korb

die Tüte

die Kasse

How many bears are in the queue?
Can you see Teddy Bear?
Where is the milk?
What is on the conveyor belt?

die Milch

der Schlüssel

der Joghurt

der Karton

der Saft

der Honig

der Preiscode

der Verkäufer

der Kassenbon

das Schild

der Kassierer

das Gemüse

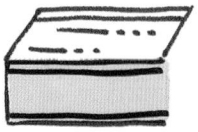
das Band

Wie viele Bären stehen in der Schlange?
Kannst du Teddybär sehen?
Wo ist die Milch?
Was ist auf dem Band?

In der Schule

die Lehrerin

die Filzstifte

das Papier

das Wassertöpfchen

das Lineal

die Tafel

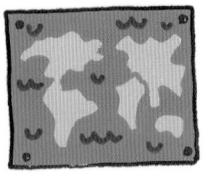
die Landkarte

die Buntstifte

der Lehm

die Kreide

die Kleiderhaken

What is the teacher holding?
What do you need for painting?
How many pupils can you see?
What colour is the ruler?

der Schüler

der Pinsel

der Radiergummi

das Portrait

das Aquarium

die Staffelei

der Malkasten

das Alphabet

das Heft

der Computer

die Schultasche

das Puzzle

die Schere

Was hält die Lehrerin in der Hand?
Was brauchst du zum Malen?
Wie viele Schüler kannst du sehen?
Welche Farbe hat das Lineal?

Die Fahrzeuge

Can you see Teddy Bear?
What colour is the refuse truck?
Which car is very old?
How many cars can you see?

Kannst du Teddybär sehen?
Welche Farbe hat der Müllwagen?
Welches Auto ist sehr alt?
Wie viele Autos kannst du sehen?

Der Bauernhof

das Schaf

das Lamm

das Schwein

das Ferkel

die Küken

die Henne

der Hund

das Pferd

das Fohlen

der Bauer

das Bauernhaus

Where is the duck?
What has the farmer got under his arm?
How many chicks does the farmer have?
Is the tractor yellow?

die Ente

das Entlein

die Katze

die Maus

das Tor

der Zaun

die Vogelscheuche

der Teich

der Hahn

die Kuh

das Kalb

das Feld

der Traktor

Wo ist die Ente?
Was trägt der Bauer auf dem Arm?
Wie viele Küken hat der Bauer?
Ist der Traktor gelb?

Der Park

die Bank

die Knieschoner

der Vogel

die Hupe

das Eis

die Rutsche

die Schaukel

der Jogger

der Sandkasten

der Springbrunnen

das Blumenbeet

Is Teddy Bear on the swing?
Where is the hamper?
How many bears are wearing helmets?
How many wheels does a tricycle have?

das Dreirad

das Skateboard

die Wippe

die Räder

der Picknickkorb

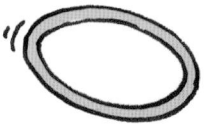

der Reifen

der Ball

Ist Teddybär auf der Schaukel?
Wo ist der Picknickkorb?
Wie viele Bären tragen Helme?
Wie viele Räder hat ein Dreirad?

das Picknick

das Eichhörnchen

die Butterbrote

der Roller

die Rollschuhe

der Walkman

Die Märchenwelt

der Zauberstab

der Brunnen

der Pilz

der Kobold

die Fee

die Lanze

das Schild

die Krone

das Schwert

die Rüstung

der Drache

der Ritter

die Prinzessin

Who can do magic?
What colour is the dragon?
Where does the king live?
Who wears armour?

Wer kann zaubern?
Welche Farbe hat der Drachen?
Wo lebt der König?
Wer trägt eine Rüstung?

Auf dem Lande

das Zelt

der Baum

der Spaziergänger

die Brücke

der Wald

der Berg

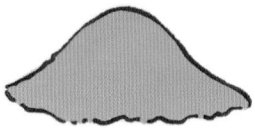
die Wiese

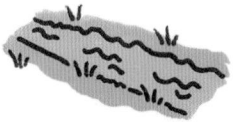
der Fluss

der See

der Ast

das Lagerfeuer

How many carriages is the engine pulling?
Who is sitting on a log?
Is the sleeping bag in the tent?
Is the rowing boat on the river?

der Stamm

die Lokomotive

der Waggon

der Strauch

das Fernglas

der Wasserfall

der Baumstamm

das Dorf

die Schienen

das Ruderboot

der Hügel

der Schlafsack

die Steine

Wie viele Waggons zieht die Lokomotive?
Wer sitzt auf dem Baumstamm?
Ist der Schlafsack im Zelt?
Ist das Ruderboot auf dem Fluss?

Der Hafen

die Fische

die Paddel

das Seil

die Boje

die Bullaugen

das U-Boot

der Ozeandampfer

der Fischer

der Kran

das Fischerboot

das Motorboot

What can go under the water?
What are round windows on a boat called?
How many fish can you see?
What is on the jetty?

die Schwimmweste

der Haken

der Anker

der Hummer

der Mast

das Kanu

die Wasserschier

der Hummerkorb

der Taucheranzug

der Landungssteg

das Frachtschiff

der Taucher

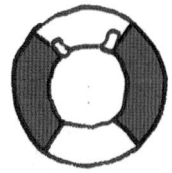

der Rettungsring

Was kann unter Wasser gehen?
Wie nennt man die runden Fenster des Ozeandampfers?
Wie viele Fische kannst du sehen?
Was steht auf dem Landungssteg?

Der Flughafen

die Toiletten

die Flugzeughalle

das Schild

der Notizblock

der Spazierstock

das Milchmixgetränk

der Gepäckwagen

die Anzeigetafel

der Flughafenbus

das Flugzeug

der Tower

How many suitcases can you see?
Who is carrying a mop?
Can you see Teddy Bear?
Have you ever flown in an aeroplane?

die Brieftasche

der Kaffee

die Startbahn

der Mopp

die Putzfrau

die Flugkarten

die Kamera

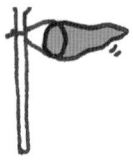

die Windhose

der Pilot

der Schalter

die Stewardess

der Rucksack

das Telefon

Wie viele Koffer kannst du sehen?
Wer trägt einen Mopp?
Kannst du Teddybär sehen?
Bist du schon einmal in einem Flugzeug geflogen?

Das Krankenhaus

das Tablett

die Krankenschwester

das Wasserglas

der Verband

das Bettlaken

der Arzt

das Nachthemd

die Medizin

der Besucher

die Gehhilfe

die Watte

What is the nurse holding?
Where is the lift?
Is the wheelchair red?
Have you ever been in hospital?

der Aufzug

der Pfleger

die Uhr

die Schlinge

das Pflaster

die Spritze

die Decke

die Grußkarte

der Gipsverband

die Fieberkurve

das Stethoskop

das Thermometer

der Rollstuhl

Was hält die Krankenschwester in der Hand?
Wo ist der Aufzug?
Ist der Rollstuhl rot?
Bist du schon einmal im Krankenhaus gewesen?

Das Meer

die Piratenflagge

das Seepferdchen

die Kette

die Perle

der Wal

das Segelschiff

die Flaschenpost

der Hai

der Schwimmer

die Schatstruhe

die Qualle

What is on the island?
What is in the sea?
What goes in a keyhole?
Which is the biggest animal in the sea?

die Koralle

der Tintenfisch

der Pirat

der Delfin

die Pistole

die Augenklappe

die Auster

die Schatzkarte

das Schloss

die Insel

die Alge

die Meerjungfrau

die Palme

Was ist auf der Insel?
Was ist im Meer?
Was gehört ins Schloss?
Was ist das größte Tier im Meer?

Der Spielwarenladen

der Rechenschieber

die Kegel

das Fort

die Puppe

das Teeservice

der Kastenteufel

die Farbstifte

der Kreisel

das Spielhaus

das Brettspiel

die Handpuppe

How many building bricks can you see?
Who is holding a glove puppet?
Which toys are for babies?
Which is your favourite toy?

die Holzperlen

das Wägelchen

das Jo-Jo

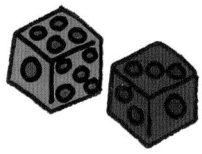
die Würfel

die Murmeln

der Roboter

das Stapelspiel

die Bauklötze

die Holzraupe

die Soldaten

das Malbuch

das Spielzeugauto

das Kostüm

Wie viele Bauklötze kannst du sehen?
Wer hält die Handpuppe in der Hand?
Welche Spielzeuge sind für Kleinkinder?
Was ist dein Lieblingsspielzeug?

Die Werkstatt

der Schraubenschlüssel

die Taschenlampe

die Tasse

der Bohrer

die Tasche

der Kalender

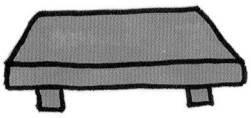
das Regal

der Knauf

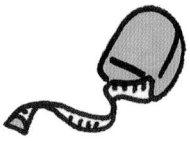
das Maßband

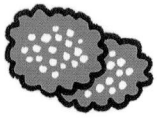
die Plätzchen

die Arche Noah

How many animals can you see?
What is on the workbench?
What is on the shelf?
What colour is the door?

die Säge

der Schraubenzieher

die Schrauben

die Nägel

der Hammer

die Schutzbrille

das Taschenmesser

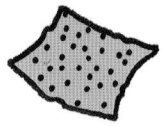

das Schmirgelpapier

der Holzhammer

das Brett

die Tiere

die Zange

die Werkbank

Wie viele Tiere kannst du sehen?
Was ist auf der Werkbank?
Was ist auf dem Regal?
Welche Farbe hat die Tür?

Das Strandleben

das Fähnchen

der Sand

die Muschel

das Meer

die Sandburg

der Seestern

der Badeanzug

der Sonnenschirm

die Kieselsteine

das Netz

die Sonnenbrille

How many legs does a starfish have?
How many sea shells can you see?
What is very cold?
What colour is the flag?

die Krabbe

die Schwimmflossen

die Jacht

die Schwimmreifen

die Sonne

die Wellen

die Sonnencreme

der Leuchtturm

der Gummiring

der Strandball

die Badehose

die Möwe

das Eis am Stiel

Wie viel Beine hat ein Seestern?
Wie viele Muscheln kannst du sehen?
Was ist sehr kalt?
Welche Farbe hat das Fähnchen?

Der Geburtstag

das Geschenk

der Clown

die Kerze

der Knopf

der Strohhalm

der Hut

das Stück Kuchen

die Limonade

der Becher

das Tischtuch

der Geburtstagskuchen

How old is the birthday bear?
How old are you?
How many balloons can you see?
Who is under the table?

die Weste

das Band

der Luftballon

die Fliege

die Maske

die Schleife

die Augenbinde

das Geschenkpapier

die Luftschlangen

die Überraschungstüte

der Briefumschlag

die Geburtstagskarte

das Kleid

Wie alt ist der Geburtstagsbär?
Wie alt bist du?
Wie viele Luftballons kannst du sehen?
Wer ist unter dem Tisch?

Die Körperteile

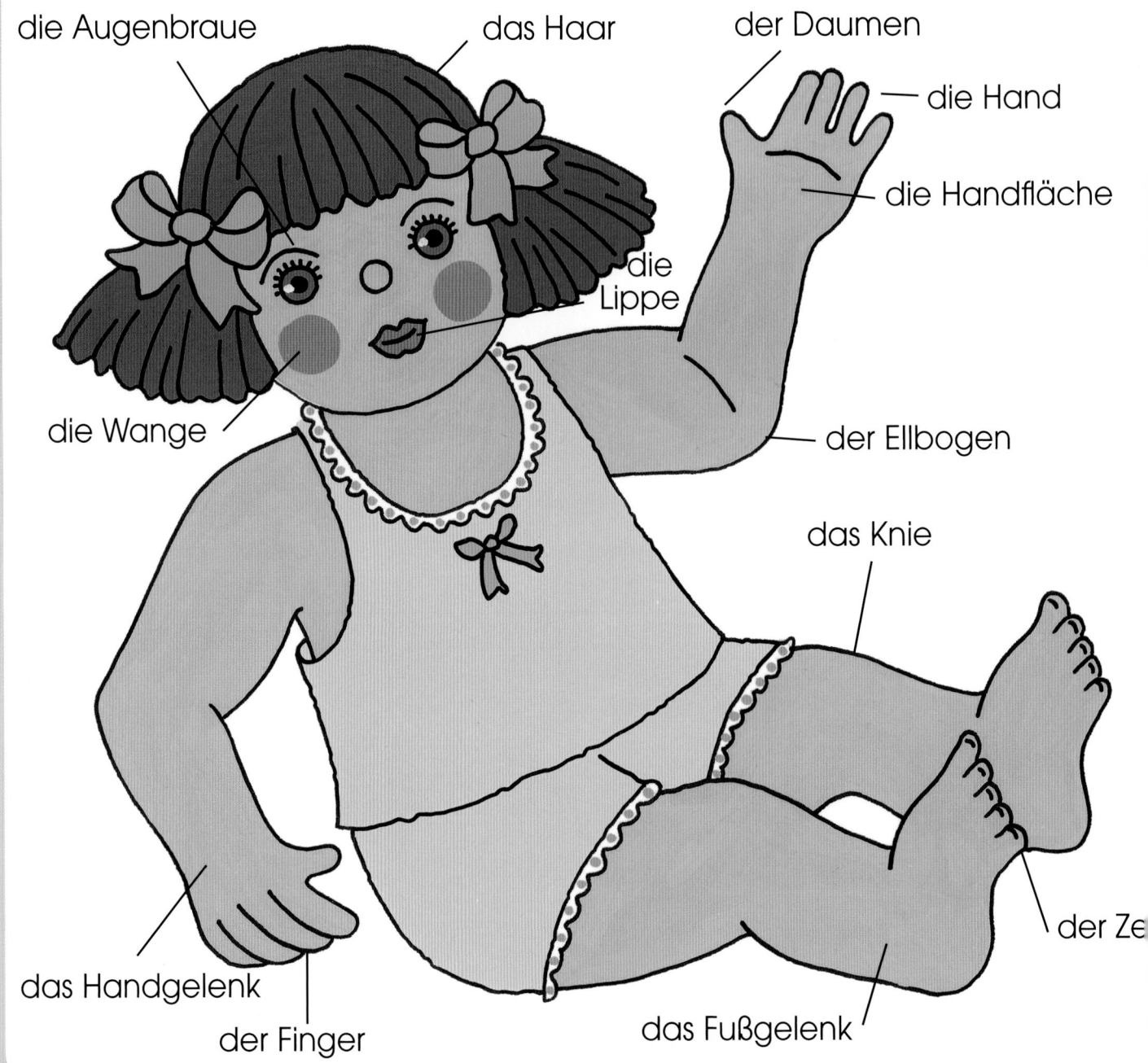

How many toes does the doll have?
What colour is her hair?
Do you have paws?
Are your eyes as blue as Teddy's?

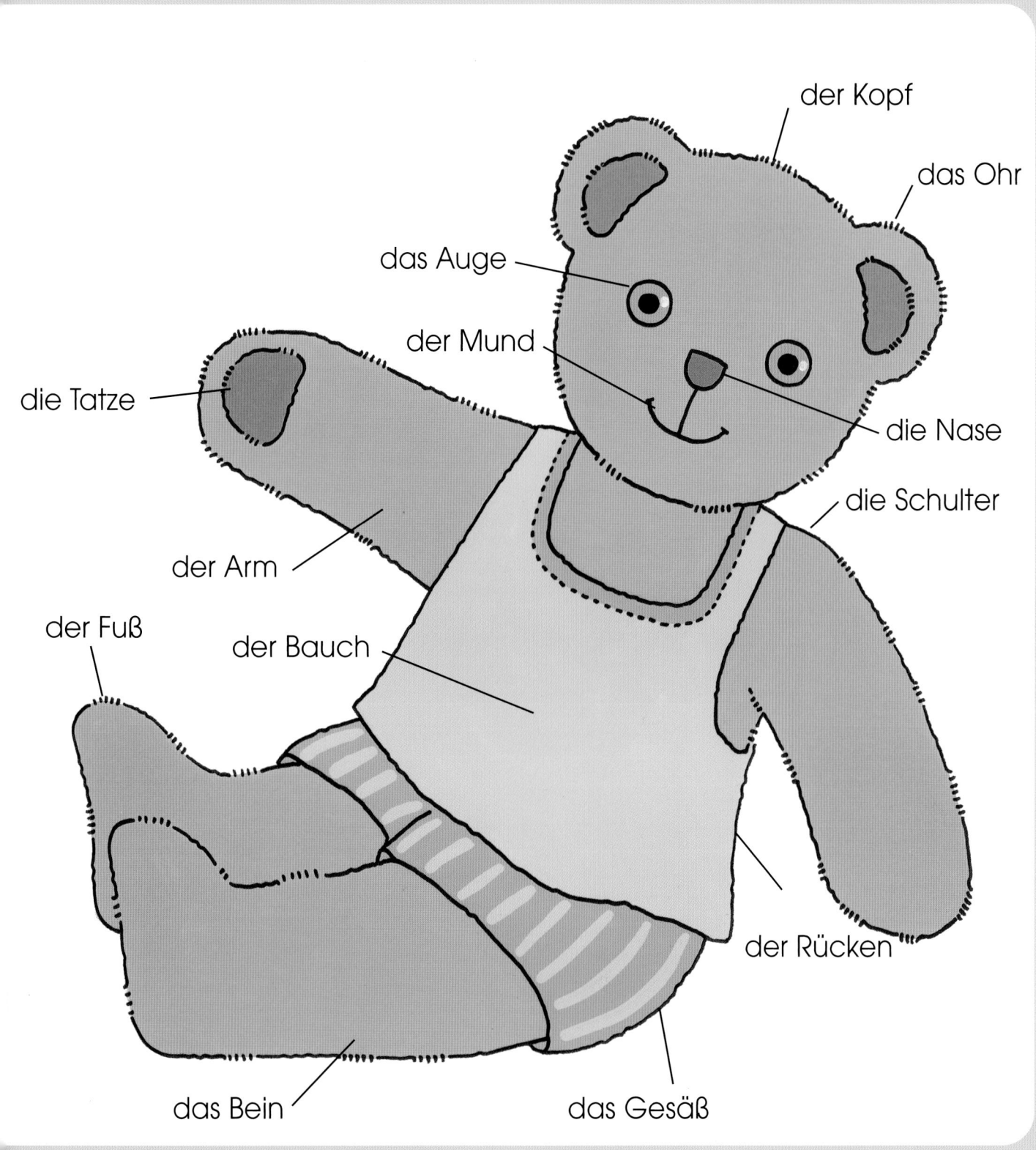

Wie viele Zehen hat die Puppe?
Welche Farbe hat ihr Haar?
Hast du Tatzen?
Sind deine Augen so blau wie Teddybärs?

Aktive Bären

kriechen

sitzen

lesen

kuscheln

singen

trinken

essen

schreiben

winken

waschen

trocknen

schlafen

What do you like doing best?
What is Teddy bear doing?
What do babies do?
Are you sitting or standing?

Was tust du am Liebsten?
Was macht Teddybär?
Was tun Babys?
Stehst du oder sitzt du?

Die Jahreszeiten

der Frühling

der Sommer

der Herbst

der Winter

Which season is it now?
Is there snow in the summer?
When does Teddy Bear fly his kite?
What comes from clouds?

Das Wetter

der Sonnenschein

der Schnee

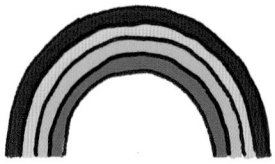

der Regenbogen

das Eis

der Sturm

die Eiszapfen

der Wind

die Schneeflocke

die Wolke

der Wirbelsturm

der Schneeman

der Regen

der Tau

der Blitz

die Hitze

das Hochwasser

der Frost

der Nebel

die Kälte

die Pfützen

Welche Jahreszeit ist es im Augenblick?
Gibt es Schnee im Sommer?
Wann lässt Teddybär seinen Drachen steigen?
Was kommt aus den Wolken?

Das Lieblingsessen

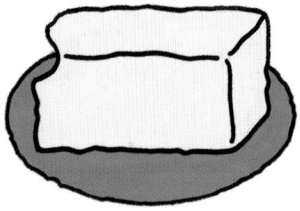

die Butter

der Keks

die Cornflakes

der Zucker

die Suppe

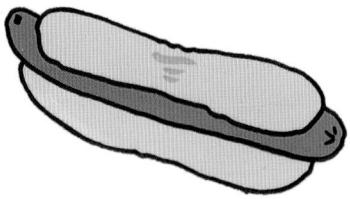

das Wurstbrötchen

die Pommes Frites

die Soßen

die Schokolade

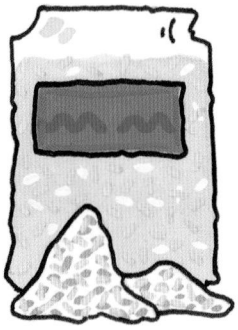

der Reis

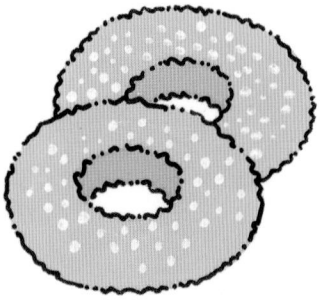

die Kringel

die Nudeln

What is your favourite food?
Do you like cheese?
How many spoons can you see?
What is on Teddy Bear's ears?

der Salat

der Hamburger

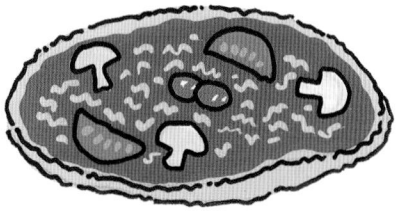

die Pizza

die Bohnen

das Küchlein

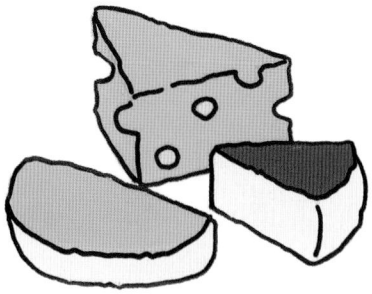

der Käse

das Brot

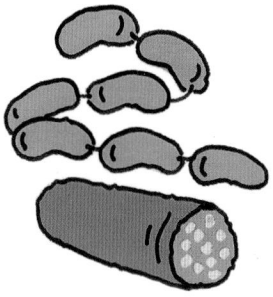

die Würste

die Nüsse

das Mehl

das Omlett

der Kirschkuchen

Was ist dein Lieblingsessen?
Magst du Käse?
Wie viele Löffel kannst du sehen?
Was ist auf Teddybärs Ohren?

Sport und Spiele

Cricket

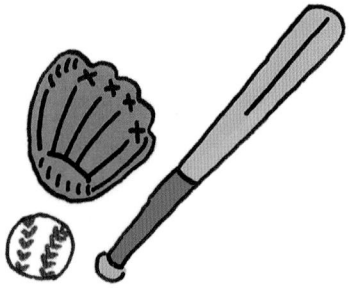

Baseball

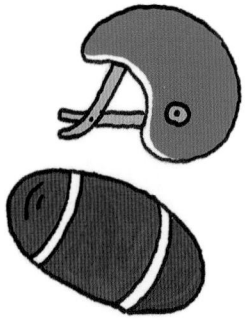

American Football

Tennis

Hochsprung

Bogenschießen

Dreibeinrennen

Bergsteigen

Schwimmen

Stabhochsprung

die Mannschaft

Turnen

Can you see Teddy Bear?
Which sports need a ball?
Which is your favourite sport?
How many bears are waving?

Trampolinspringen

Radfahren

Gewichtheben

Rudern

Rollschuhlaufen

Golf

Fußball

Sackhüpfen

Eislaufen

Basketball

Judo

der Pokal

Kannst du Teddybär sehen?
Für welche Sportart braucht man einen Ball?
Was ist dein Lieblingsport?
Wie viele Bären winken?

Die Musik

das Tamburin

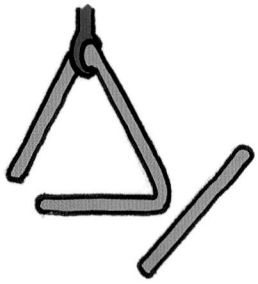
die Triangel

das Becken

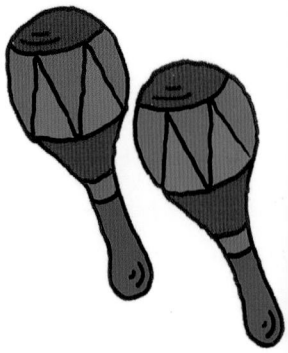
die Rasseln

die Geige

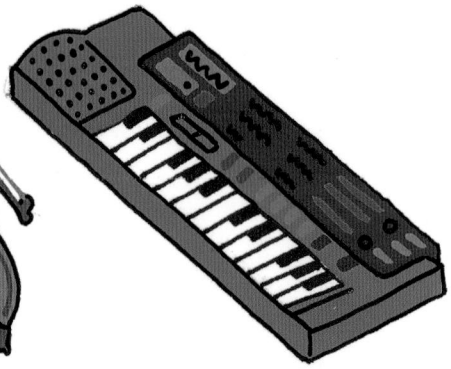
das Keyboard

die Posaune

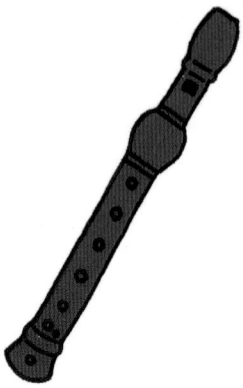
die Blockflöte

der Notenständer

die Noten

der Dirigent

das Cello

Can you play these instruments?
Which instruments do you blow?
Which instruments have strings?
Which instruments do you hit?

Kannst du diese Instrumente spielen?
Welche Instrumente werden geblasen?
Welche Instrumente haben Saiten?
Welche Instrumente werden geschlagen?

Das Kinderzimmer

die Rassel

das Lätzchen

die Flasche

der Schnuller

die Schühchen

das Überwachungsgerät

die Wickelmatte

das Fotoalbum

die Spardose

der Strampelanzug

das Kinderbett

Does a baby sleep in a big bed?
What colour is the plastic cup?
What are the baby bears wearing?
Do you have a money box?

der Kinderwagen

die Decke

die Windel

die Tücher

der Beißring

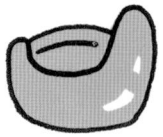

das Töpfchen

der Kinderstuhl

der Plastikbecher

das Bilderbuch

das Holzbuch

das Stofftier

die Matratze

die Wickeltasche

Schläft ein Baby in einem großen Bett?
Welche Farbe hat der Plastikbecher?
Was tragen die Babybären?
Hast du eine Spardose?

Die Zahlen

ein Haus

zwei Autos

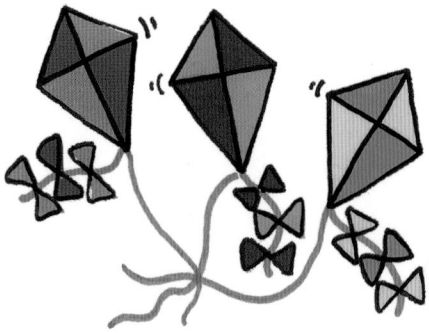

drei Drachen

vier Hasen

fünf Luftballons

sechs Entlein

sieben Erdbeeren

acht Buntstifte

neun Blumen

zehn Herzen

What colour are the rabbits?
How many bears can you see?
How many flowers can you count?
What is five plus seven?

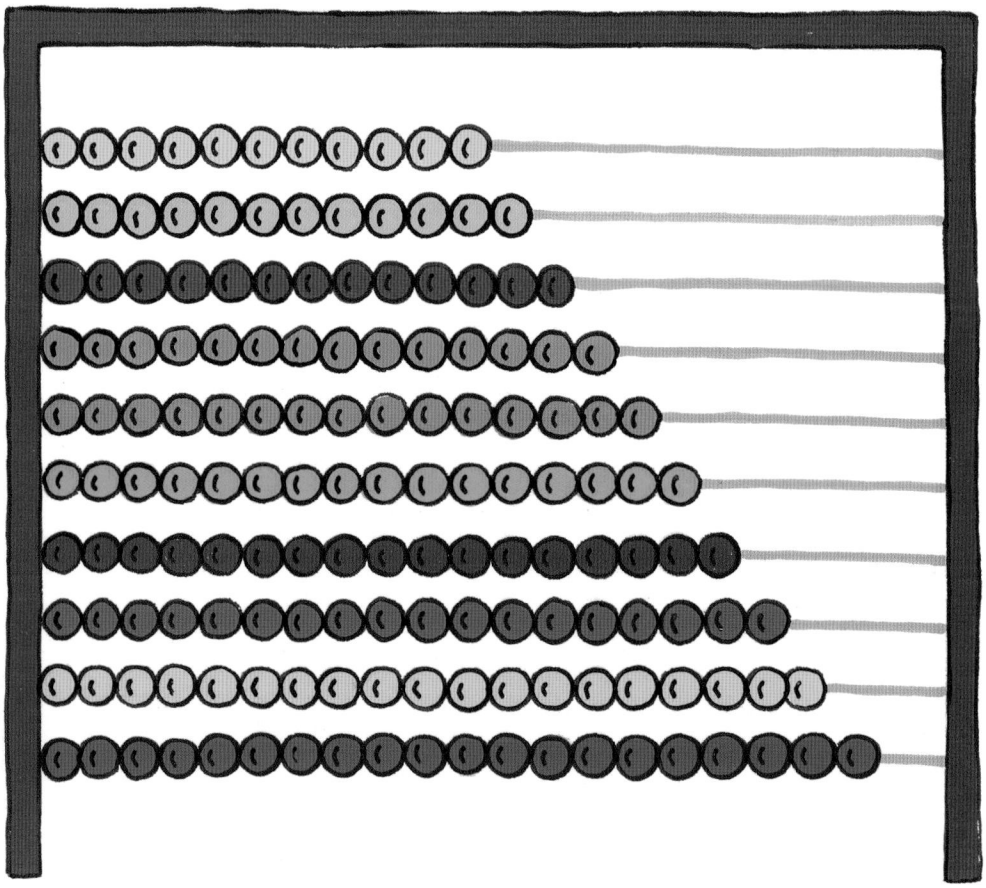

11 elf
12 zwölf
13 dreizehn
14 vierzehn
15 fünfzehn
16 sechzehn
17 siebzehn
18 achtzehn
19 neunzehn
20 zwanzig

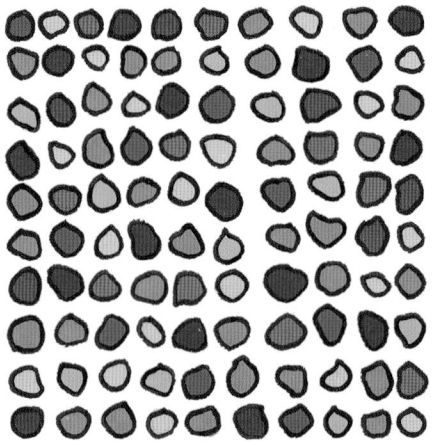

einhundert

der Dritte der Zweite der Erste

Welche Farbe haben die Hasen?
Wie viele Bären siehst du?
Wie viele Blumen kannst du zählen?
Was ist fünf plus sieben?

Die Farben

blau rot grau rosa grün

weiß

schwarz

gelb

braun

lila

orange

dunkelblau

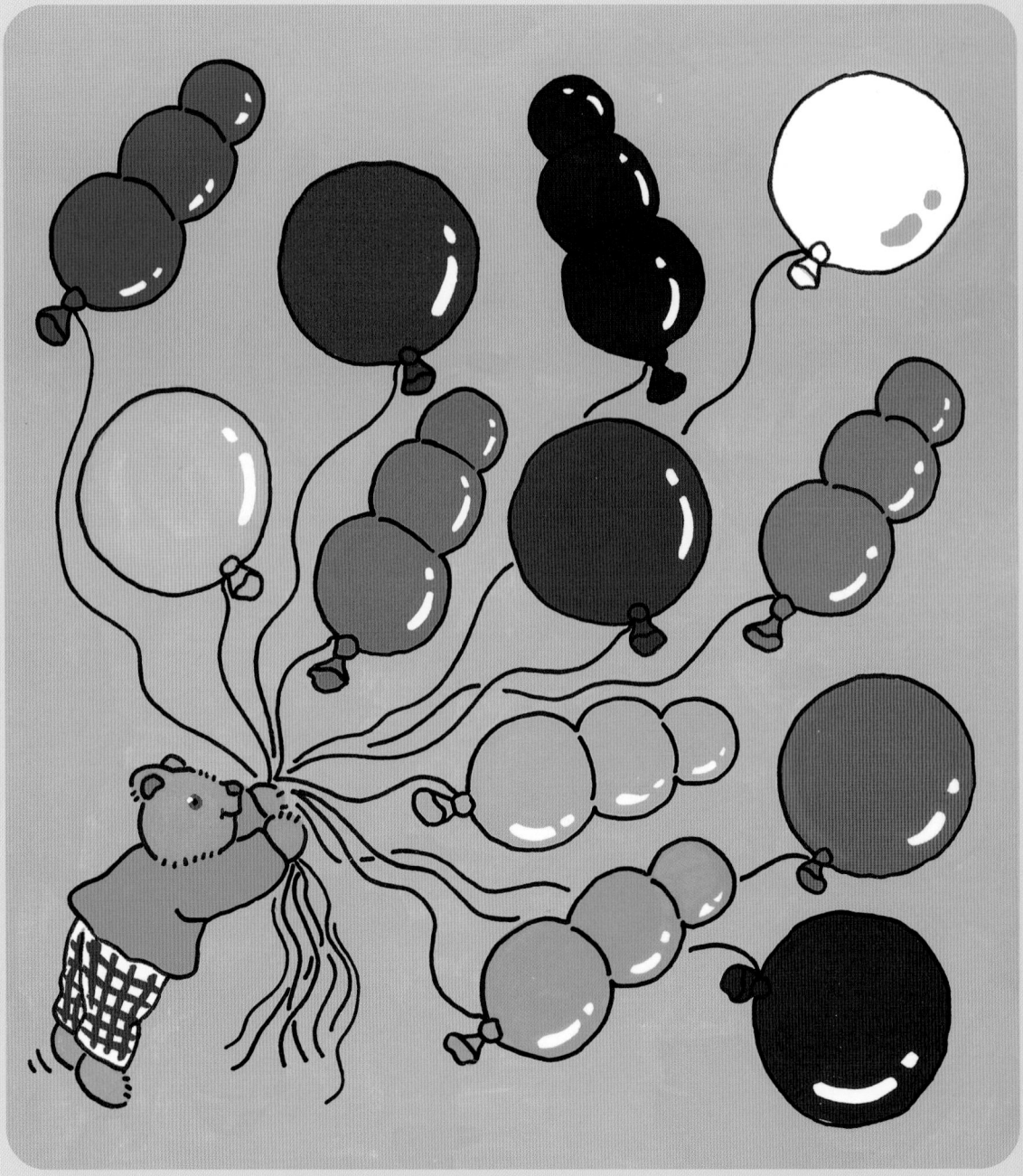

What is your favourite colour?
What colour is Teddy Bear's top?
Are there zigzags on Teddy Bear's trousers?
Which shape is pink?

Die Formen

das Herz

die Streifen

der Kreis

das Quadrat

der Stern

die Raute

das Rechteck

die Zacken

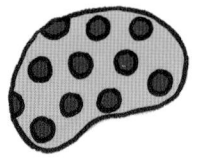
die Punkte

das Oval

das Dreieck

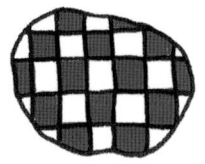
die Karos

Was ist deine Lieblingsfarbe?
Welche Farbe hat Teddybärs Pullover?
Sind Zacken auf Teddybärs Hose?
Welche Form ist rosa?

Die Kleidung

die Mütze

das Taschentuch

die Handschuhe

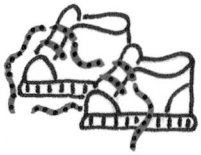
die Turnschuhe

der Schal

die Jeans

die Jacke

die Bluse

das Unterhemd

die Hose

der Pullover

What do you wear on hot days?
What do you wear on cold days?
What colour are the mittens?
What are you wearing now?

der Anorak

die Stiefel

die kurze Hose

der Rock

die Unterhose

das T-shirt

die Wäscheklammer

die Schuhe

die Latzhose

das Hemd

der Mantel

der Schlips

die Strumpfhose

Was trägst du an heißen Tagen?
Was trägst du an kalten Tagen?
Welche Farbe haben die Handschuhe?
Was trägst du im Moment?

Die Verwandten

Do you have any brothers and sisters?
How many brothers does Teddy Bear have?
How are you feeling now?
Are you frightened of spiders?

Die Gefühle

ängstlich

glücklich

schüchtern

verlegen

gelangweilt

ärgerlich

nachdenklich

traurig

stolz

schuldig

Hast du Brüder und Schwestern?
Wie viele Brüder hat Teddybär?
Wie fühlst du dich jetzt?
Machen Spinnen dich ängstlich?

Die Früchte

die Birne

die Banane

die Melone

die Limone

die Himbeere

die Weintrauben

die Blaubeeren

die Feige

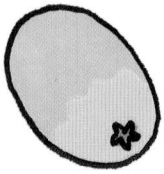
die Mango

der Rhabarber

die Stachelbeere

Which is your favourite fruit?
How many bananas can you see?
What is Teddy Bear eating?
Which fruits are red?

die Apfelsine

der Pfirsich

die Zitrone

die Pflaume

die Aprikose

die Kirsche

der Apfel

die Papaya

die Grapefruit

die Erdbeere

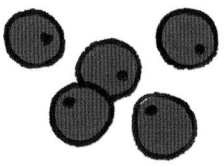

die Johannisbeeren

die Manderine

die Ananas

Was ist deine Lieblingsfrucht?
Wie viele Bananen kannst du sehen?
Was isst Teddybär?
Welche Früchte sind rot?

Das Gemüse

die Pilze

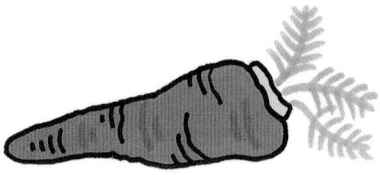
die Möhre

der Brokkoli

die Paprika

die Erbsen

das Lauch

der Mais

die Zwiebel

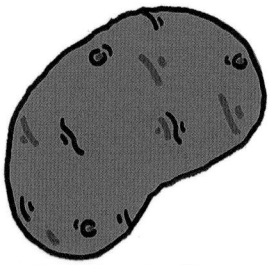
die Kartoffel

der Blumenkohl

die Tomaten

der Stangenselle

Do you like carrots?
What is Teddy Bear eating?
Which vegetables are green?
What is your favourite vegetable?

der Kopfsalat

die Rote-Beete

die dicken Bohnen

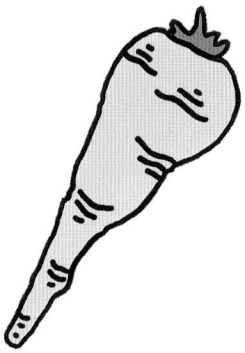

die Pastinake

die Gurke

die Radieschen

die Süßkartoffel

die Bohnen

die Rübe

die Kräuter

der Kohl

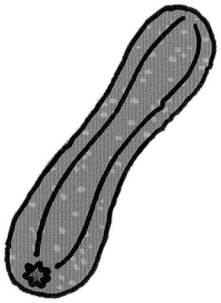

die Zucchini

Magst du Möhren?
Was isst Teddybär?
Welches Gemüse ist grün?
Was ist dein Lieblingsgemüse?

Die Blumen

der Mohn

die Iris

das Gänseblümchen

die Glockenblume

das Stiefmütterchen

die Narzisse

die Dahlie

die Sonnenblume

die Nelke

die Lilie

die Rose

Which flowers are yellow?
Which flowers grow very tall?
What is under the cup?
What is Teddy Bear holding?

Zu Tisch

der Teelöffel

der Pfeffer

das Salz

die Untertasse

die Tasse

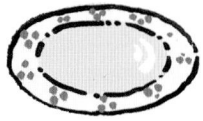
der Teller

das Messer

die Gabel

der Löffel

das Set

das Glas

der Wasserkrug

Wie viele Blumen sind gelb?
Welche Blume wird sehr groß?
Was ist unter der Tasse?
Was hält Teddybär in der Hand?

Die Gegensätze

Is the elephant small?
Is this book open or shut?
Are you inside or outside?
Are balloons heavy?

Ist der Elefant klein?
Ist dieses Buch offen oder geschlossen?
Bist du drinnen oder draußen?
Sind Ballons schwer?

Die Vögel

die Feder

das Nest

die Eule

der Lund

der Tukan

der Pengui

der Pfau

der Strauß

das Emu

What is in the nest?
How many beaks can you see?
Which birds are black and white?
Which birds are eating fishes?

Was ist im Nest?
Wie viele Schnäbel kannst du sehen?
Welche Vögel sind schwarz und weiß?
Welche Vögel fressen Fische?

Insekten
und andere Tierchen

die Biene

die Schnecke

der Marienkäfer

die Eidechse

der Wurm

der Schmetterling

die Wespe

die Raupe

der Käfer

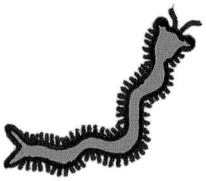
der Tausendfüßler

das Chamäleon

Which minibeasts have wings?
Which minibeast has six black spots?
Which minibeast carries its own house?
Which minibeasts do not have legs?

die Motte

die Ameise

der Grashüpfer

die Nacktschnecke

die Fliege

der Floh

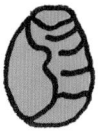
die Puppe

die Heuschrecke

die Tarantel

der Frosch

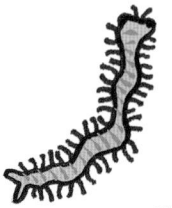
der Hundertfüßer

die Libelle

die Spinne

Welche Insekten haben Flügel?
Welches Insekt hat sechs schwarze Punkte?
Welches Tier trägt sein eigenes Haus?
Welches Tiere haben keine Beine?

Wilde Tiere

der Koalabär

das Nashorn

das Gürteltier

das Känguru

der Eisbär

der Gorilla

die Giraffe

der Affe

der Tiger

der Elefant

die Schlange

der Pandabär

Which animal is very long?
Which animal is very fat?
Which animal is Teddy Bear feeding?
Which is your favourite animal?

der Waschbär

der Büffel

das Stachelschwein

das Zebra

der Braunbär

das Krokodil

das Kamel

der Löwe

der Wolf

der Leopard

der Biber

das Nilpferd

Welches Tier ist ganz lang?
Welches Tier ist ganz dick?
Welches Tier füttert Teddybär?
Was ist dein Lieblingstier?

Die Haustiere

die Hundehütte | das Kätzchen | der Hamster | der Stall

der Kanarienvogel

das Kaninchen

der Papgei

der Wellensittich

das Meerschweinchen

das Futter

der Goldfish

Do you have a pet?
Who lives in the kennel?
Where is the rabbit?
What is in the fish tank?

der Welpe

die Blasen

die Bürste

die Schildkröte

der Knochen

die Leine

das Halsband

der Fressnapf

der Katsenkorb

das Aquarium

die Katzenklappe

die Wasserschildkröte

das Wasserschälchen

Hast du ein Haustier?
Wer lebt in der Hundehütte?
Wo ist das Kaninchen?
Was ist im Aquarium?

Die Wörter

a

abacus *der Rechenschieber*
aerial *die Antenne*
aeroplane *das Flugzeug*
airport bus *der Flughafenbus*
alarm clock *der Wecker*
albatross *der Albatros*
alphabet *das Alphabet*
American football *American Football*
anchor *der Anker*
angry *ärgerlich*
animals *die Tiere*
ankle *das Fußgelenk*
anorak *der Anorak*
ant *die Ameise*
apple *der Apfel*
apricot *die Aprikose*
aquarium *das Aquarium*
archery *Bogenschießen*
arm *der Arm*
armadillo *das Gürteltier*
armbands *die Schwimmreifen*
armchair *der Sessel*
armour *die Rüstung*
aunt *die Tante*
autumn *der Herbst*

b

baby alarm *das Überwachungsgerät*
back *der Rücken*
baggage trolley *der Gepäckwagen*
bakery *die Bäckerei*
ball *der Ball*
balloon *der Luftballon*
banana *die Banane*
bandage der Verband
banjo *das Banjo*
banner *das Banner*
barcode *der Preiscode*
baseball *Baseball*
basketball *Basketball*
bath *die Badewanne*
beachball *der Strandball*
beak *der Schnabel*
beaker *der Becher*
beans *die Bohnen*
bear (brown) *der Braunbär*
beaver *der Biber*
bed *das Bett*
bedside table *der Nachttisch*
bee *die Biene*
beetle *der Käfer*
beetroot *die Rote-Beete*
bench *die Bank*
bib *das Lätzchen*
bicycle *das Fahrrad*
big *groß*
binoculars *das Fernglas*
bird bath *das Vogelbad*
bird cage *der Vogelkäfig*
bird food *das Vogelfutter*
bird *der Vogel*
birthday cake *der Geburtstagskuchen*
birthday card die *Geburtstagskarte*
biscuit *der Keks*
black *schwarz*
blanket *die Decke*
blindfold *die Augenbinde*
blouse *die Bluse*
blue *blau*
bluebell *die Glockenblume*
blueberries *die Blaubeeren*
board book *das Holzbuch*
board game *das Brettspiel*
bone *der Knochen*
bookcase *das Bücherregal*
bootees *die Schühchen*
boots *die Stiefel*
bored *gelangweilt*
bottles *die Flaschen*
bottom *das Gesäß*
bow tie *die Fliege*
bow *die Schleife*
box *die Kiste*
branch *der Ast*
bread *das Brot*
bricks *die Steine*
bridge *die Brücke*
briefcase *die Brieftasche*
broad beans *die dicken Bohnen*
broccoli *der Brokkoli*
broom *der Besen*
brother *der Bruder*
brown *braun*
brush *die Bürste*
bubble bath *der Badezusatz*
bubbles *die Blasen*
bucket *der Eimer*
budgerigar *der Wellensittich*
buffalo *der Büffel*
buggy *der Kinderwagen*
building blocks *die Bauklötze*
bulldozer *die Planierraupe*
buoy *die Boje*
bush *der Strauch*
butter *die Butter*
butterfly *der Schmetterling*
button *der Knopf*

c

cabbage *der Kohl*
cabinet *der Schränkchen*
cage *der Käfig*
cake *der Kuchen*
calendar *der Kalender*
calf *das Kalb*
camel *das Kamel*
camera *die Kamera*
camp fire *das Lagerfeuer*
canary *der Kanarienvogel*
candle *die Kerze*
canoe *das Kanu*
cans *die Dosen*
car transporter *der Autotransporter*
car *das Auto*
caravan *der Wohnwagen*
cardboard box *die Schachtel*
carnation *die Nelke*
carpet (fitted) *der Teppichboden*
carriage *der Waggon*
carrier bag *die Tüte*
carrot *die Möhre*
carton *der Karton*
cashier *der Kassierer*
castle *die Burg*
cat basket *der Katzenkorb*
cat flap *die Katzenklappe*
cat *die Katze*
caterpillar *die Raupe*
cauliflower *der Blumenkohl*
celery *der Stangensellerie*
cello *das Cello*
centipede *der Hundertfüßer*
cereal *die Cornflakes*
chain *die Kette*
chalk *die Kreide*
chalkboard *die Tafel*
chameleon *das Chamäleon*
changing bag *die Wickeltasche*
changing mat *die Wickelmatte*
check-in desk *der Schalter*
checks *die Karos*
cheek *die Wange*
cheese *der Käse*

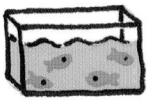

cherry *die Kirsche*
cherry cake *der Kirschkuchen*
chest of drawers *die Kommode*
chicks *die Küken*
chimney *der Schornstein*
chips *die Pommes Frites*
chocolate *die Schokolade*
Christmas tree decorations *der Christbaumschmuck*
chrysalis *die Puppe*
circle *der Kreis*
clay *der Lehm*
cleaning lady *die Putzfrau*
climbing rose *die Kletterrose*
climbing *Bergsteigen*
cloak *der Mantel*
clock *die Uhr*
clothes peg *die Wäscheklammer*
cloud *die Wolke*
clown *der Clown*
coach *der Bus*
coat hooks *die Kleiderhaken*
coat *der Mantel*
coathanger *der Bügel*
cockerel *der Hahn*
coffee *der Kaffee*
cold *die Kälte*
collar *das Halsband*
coloured pencils *die Farbstifte*
colouring book *das Malbuch*
comb *der Kamm*
comic *der Comic*
computer *der Computer*
conductor *der Dirigent*
container ship *das Frachtschiff*
control tower *der Tower*
conveyor belt *das Band*
cookbook *das Kochbuch*
cooker *der Herd*
cookies *die Plätzchen*
coral *die Koralle*
cot *das Kinderbett*
cotton wool *die Watte*
courgette *die Zucchini*
cousin *die Cousine (der Cousin)*
cow *die Kuh*
crab *die Krabbe*
cradle *die Wiege*
crane *der Kran*
crawling *kriechen*
crayons *die Buntstifte*
cricket *Cricket*
crocodile *das Krokodil*
crown *die Krone*
cucumber *die Gurke*
cuddling *kuscheln*
cuddly toy *das Stofftier*
cup *die Tasse*
curtain *der Vorhang*
cushion *das Kissen*
customer *der Kunde*
cycling *Radfahren*
cymbals *das Becken*

d

daffodil *die Narzisse*
dahlia *die Dahlie*
daisy *das Gänseblümchen*
dancing *tanzen*
dark blue *dunkelblau*
deck chair *der Liegestuhl*
delivery van *der Lieferwagen*
dew *der Tau*
diamond (shape) *die Raute*
dice *die Würfel*
digger *der Bagger*
dishwasher *die Spülmaschine*
diver *der Taucher*
doctor *der Arzt*
dog bowl *der Fressnapf*
dog *der Hund*
doll *die Puppe*
doll's house *die Puppenhaus*
dolphin *der Delfin*
door *die Tür*
doorbell *die Klingel*
doorknob *der Knauf*
doorstep *die Stufe*
down *runter*
dragon *der Drache*
dragonfly *die Libelle*
drain *der Gully*
draining board *der Ablauf*
drawer *die Schublade*
dress *das Kleid*
dressing gown *der Morgenmantel*
dressing *anziehen*
dressing-up outfit *das Köstum*
dressmaker's dummy *die Schneiderpuppe*
drill *der Bohrer*
drinking straw *der Strohhalm*
drinking *trinken*
driver *der Fahrer*
drum *die Trommel*
drying *trocknen*
duck *die Ente*
duckling *das Entlein*
dummy *der Schnuller*
dumper truck *der Kipper*
dungarees *die Latzhose*
dustbin *der Mülleimer*
duster *das Staubtuch*
duvet *die Bettdecke*

e

ear *das Ohr*
easel *die Staffelei*
eating *essen*
egg *das Ei*
eight *acht*
eighteen *achtzehn*
elbow *der Ellbogen*
elephant *der Elefant*
eleven *elf*
elf *der Kobold*
embarrassed *verlegen*
empty *leer*
emu *das Emu*
engine *die Lokomotive*
envelope *der Briefumschlag*
eraser *der Radiergummi*
exercise book *das Heft*
eye patch *die Augenklappe*
eye *das Auge*
eyebrow *die Augenbraue*

f

fairy *die Fee*
farmer *der Bauer*
farmhouse *das Bauernhaus*
fast *schnell*
fat *dick*
father *der Vater*
feather *die Feder*
feeding bottle *die Flasche*
felt pens *die Filzstifte*
fence *der Zaun*
field *das Feld*
fifteen *fünfzehn*
fig *die Feige*
finger *der Finger*
fireplace *der Kamin*
first *der Erste*
fish tank *das Aquarium*
fish *die Fische*
fisherman *der Fischer*
fishing boat *das Fischerboot*
fishing rod *die Angel*
five *fünf*
flag *das Fähnchen*
flamingo *der Flamingo*

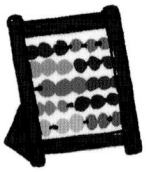

flannel *der Waschlappen*
flask *die Thermoflasche*
flea *der Floh*
flippers *die Schwimmflossen*
flood *die Überschwemmung*
flour *das Mehl*
flower bed *das Blumenbeet*
flowerpot *der Blumentopf*
flowers *die Blumen*
flute *die Querflöte*
fly *die Fliege*
foal *das Fohlen*
fog *der Nebel*
food mixer *der Mixer*
foot *der Fuß*
forest *der Wald*
fork (garden) *die Heugabel*
fork (table) *die Gabel*
fort *das Fort*
fountain *der Springbrunnen*
four *vier*
fourteen *vierzehn*
fridge *der Kühlschrank*
frightened *ängstlich*
frog *der Frosch*
frost *der Frost*
fruit *das Obst*
frying pan *die Pfanne*
full *voll*

g

garden tools *das Gartengerät*
gate *das Tor*
get-well card *die Grußkarte*
giant *der Riese*
giraffe *die Giraffe*
glass *das Glas*
glove puppet *die Handpuppe*
glove *der Handschuh*
goggles *die Schutzbrille*
go-kart *der Gokart*
goldfish *der Goldfisch*
golf *Golf*
goose *die Gans*
gooseberry *die Stachelbeere*
gorilla *der Gorilla*
grand piano *der Flügel*
grandfather *der Großvater*
grandmother *die Großmutter*
grapefruit *die Grapefruit*
grapes *die Weintrauben*
grasshopper *der Grashüpfer*
great aunt *die Großtante*
great grandfather *der Urgroßvater*
great grandmother *die Urgroßmutter*
great uncle *der Großonkel*
green *grün*
grey *grau*
guilty *schuldig*
guinea pig *das Meerschweinchen*
guitar *die Gitarre*
gull *die Möwe*
gymnastics *Turnen*

h

hair *das Haar*
hairbrush *die Haarbürste*
hamburger *der Hamburger*
hammer *der Hammer*
hamper *der Picknickkorb*
hamster *der Hamster*
hand *die Hand*
handbag *die Handtasche*
handkerchief *das Taschentuch*
hangar *die Flugzeughalle*
hanging basket *der Blumenkorb*
happy *glücklich*
harp *die Harfe*
hat *der Hut*
head *der Kopf*
heart *das Herz*
heat *die Hitze*
heavy *schwer*
hedge *die Hecke*
height chart *die Messlatte*
helicopter *der Hubschrauber*
helmet *der Helm*
hen *die Henne*
herbs *die Kräuter*
hi-fi *die Stereoanlage*
high chair *der Kinderstuhl*
high jump *Hochsprung*
hill *der Hügel*
hippopotamus *das Nilpferd*
hoe *die Hacke*
honey *der Honig*
hook *der Haken*
hoop *der Reifen*
hooter *die Hupe*
hopping *hüpfen*
horse *das Pferd*
hose *das Schlauch*
hot-air balloon *der Heißluftballon*
hot *heiß*
hotdog *das Wurstbrötchen*
hummingbird *der Kolibri*
hundred *hundert*
hutch *der Stall*

i

ice cream *das Eis*
ice skates *die Schlittschuhe*
ice skating *Eislaufen*
ice *das Eis*
iced lolly *das Eis am Stiel*
icicles *die Eiszapfen*
information board *die Anzeigetafel*
inside *drinnen*
iris *die Iris*
iron *das Bügeleisen*
island *die Insel*

j

jacket *die Jacke*
Jack-in-the-box *der Kastenteufel*
jamjars *die Einmachgläser*
jeans *die Jeans*
jellyfish *die Qualle*
jetty *der Landungssteg*
jogger *der Jogger*
judo *Judo*
juggernaut *der Laster*
juice *der Saft*
jumper *der Pullover*
jumping *springen*

k

kangaroo *das Känguru*
kennel *die Hundehütte*
kettle *der Kessel*
key *der Schlüssel*
keyboard *das Keyboard*
keyhole *das Schloss*
kicking *treten*
king *der König*
kingfisher *der Eisvogel*
kite *der Drachen*
kitten *das Kätzchen*
kiwi *der Kiwi*
knee pads *die Knieschoner*
knee *das Knie*
knife *das Messer*
knight *der Ritter*
koala *der Koalabär*

l

label *das Schild*
ladder *die Leiter*

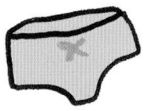

ladybird *der Marienkäfer*
lake *der See*
lamb *das Lamm*
lamp *die Lampe*
lance *die Lanze*
lawn *der Rasen*
lawnmower *der Rasenmäher*
lead (dog's) *die Leine*
leaves *die Blätter*
leek *das Lauch*
leg *das Bein*
lemon *die Zitrone*
lemonade *die Limonade*
leopard *der Leopard*
lettuce *der Kopfsalat*
life buoy *der Rettungsring*
life vest *die Schwimmweste*
lift *der Aufzug*
light bulb *die Birne*
light *das Licht*
light (weight) *leicht*
lighthouse *der Leuchtturm*
lightning *der Blitz*
lily *die Lilie*
lime *die Limone*
liner *der Ozeandampfer*
lion *der Löwe*
lip *die Lippe*
litter bin *der Abfalleimer*
little *klein*
lizard *die Eidechse*
lobster pot *der Hummerkorb*
lobster *der Hummer*
locust *die Heuschrecke*
log *der Baumstamm*
lollipop *der Lutscher*
lunch box *die Butterbrotdose*

m

magazine *die Zeitschrift*
magic wand *der Zauberstab*
magician *der Zauberer*
male nurse *der Pfleger*
mallet *der Holzhammer*
mango *die Mango*
map *die Landkarte*
maracas *die Rasseln*
marbles *die Murmeln*
mask *die Maske*
mast *der Mast*
mat *die Matte*
mattress *die Matratze*
meadow *die Wiese*
measuring jug *der Messbecher*
measuring tape *das Maßband*
medicine *die Medizin*
melon *die Melone*
mermaid *die Meerjungfrau*
message in a bottle *die Flaschenpost*
microwave *die Mikrowelle*
milk *die Milch*
milkshake *das Milchmixgetränk*
millipede *der Tausendfüßler*
minibus *der Kleinbus*
mirror *der Spiegel*
mittens *die Handschuhe*
mixing bowl *die Schüssel*
mobile *das Mobile*
money box *die Spardose*
money *das Geld*
monkey *der Affe*
mop *der Mopp*
moth *die Motte*
mother *die Mutter*
motor boat *das Motorboot*
motorbike *das Motorrad*
mountain *der Berg*
mouse *die Maus*
mouth *der Mund*
muffin *das Küchlein*
mug *die Tasse*
mushrooms *die Pilze*
music stand *der Notenständer*
music die *Musik*

n

nail brush *die Nagelbürste*
nails *die Nägel*
napkin *die Serviette*
nappy *die Windel*
nest *das Nest*
nesting box *das Vogelhäuschen*
net *das Netz*
new *neu*
newspaper *die Zeitung*
nightie *das Nachthemd*
nine *neun*
nineteen *neunzehn*
Noah's ark *die Arche Noah*
nose *die Nase*
notepad *der Notizblock*
notes *die Noten*
nurse *die Krankenschwester*
nuts *die Nüsse*

o

oboe *die Oboe*
octopus *der Tintenfisch*
off *aus*
old *alt*
omelette *das Omlett*
on *an*
one *ein*
onion *die Zwiebel*
open *offen*
orange (fruit) *die Apfelsine*
orange (colour) *orange*
ostrich *der Strauß*
outside *draußen*
oval *das Oval*
over *oben*
owl *die Eule*
oyster *die Auster*

p

paddles *die Paddel*
page *der Page*
paintbox *der Malkasten*
paintbrush *der Pinsel*
painting *die Zeichnung*
paints *die Farbe*
palm tree *die Palme*
palm *die Handfläche*
panda *der Panda*
pansy *das Stiefmütterchen*
pants *die Unterhose*
papaya *die Papaya*
paper *das Papier*
parachute *der Fallschirm*
parcel *das Paket*
parking space *der Parkplatz*
parrot *der Papgei*
parsnip *die Pastinake*
party bag *die Überraschungstüte*
pasta *die Nudeln*
path *der Weg*
pavement *der Bürgersteig*
paw *die Tatze*
peach *der Pfirsich*
peacock *der Pfau*
pear *der Birne*
pearl *die Perle*
peas *die Erbsen*
pebbles *die Kieselsteine*
pedal car *das Spielzeugauto*
pelican *der Pelikan*
penguin *der Penguin*
penknife *das Taschenmesser*
pepper *der Pfeffer*
personal stereo *der Walkman*
petfood *das Futter*
photo album *das Fotoalbum*

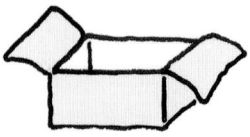

photograph *das Foto*
pick-up truck *der Abschleppwagen*
picnic *das Picknick*
picture book *das Bilderbuch*
picture frame *der Bilderrahmen*
picture *das Bild*
pig *das Schwein*
pigeon *die Taube*
piggy bank *das Sparschwein*
piglet *das Ferkel*
pillow *das Kopfkissen*
pilot *der Pilot*
pin board *die Pinnwand*
pineapple *die Ananas*
pink *rosa*
pipe *das Rohr*
pirate flag *die Piratenflagge*
pirate *der Pirat*
pistol *die Pistole*
pizza *die Pizza*
plank *das Brett*
plant *die Pflanze*
plaster cast *der Gipsverband*
plaster *das Pflaster*
plastic beaker *der Plastikbecher*
plate *der Teller*
play house *das Spielhaus*
pliers *die Zange*
plum *die Pflaume*
pocket *die Tasche*
polar bear *der Eisbär*
pole *der Pol*
pole vaulting *Stabhochsprung*
pond *der Teich*
poppy *der Mohn*
porcupine *das Stachelschwein*
portholes *die Bullaugen*
portrait *das Portrait*
poster *das Poster*
potato *die Kartoffel*
potty *das Töpfchen*
pram *der Kinderwagen*
present *das Geschenk*
prince *der Prinz*
princess *die Prinzessin*
proud *stolz*
puddles *die Pfützen*
puffin *der Lund*
pulling *ziehen*
pumpkin *der Kürbis*
pupil *der Schüler (die Schülerin)*
puppy *der Welpe*
purple *lila*
purse *die Geldbörse*
pushing *schieben*
puzzle *das Puzzle*
pyjamas *der Schlafanzug*

q

queen *die Königin*
queue *die Schlange*

r

rabbit *das Kaninchen*
raccoon *der Waschbär*
racing car *der Rennwagen*
radio *das Radio*
radishes *die Radieschen*
railings *der Gitterzaun*
railway track *die Schienen*
rain *der Regen*
rainbow *der Regenbogen*
rake *die Harke*
raspberry *die Himbeere*
rattle *die Rassel*
reading *lesen*
recorder *die Blockflöte*
rectangle *das Rechteck*
red pepper *die Paprika*
red *rot*
redcurrants *die Johannisbeeren*
refuse truck *der Müllwagen*
remote control *die Fernbedienung*
removal van *der Möbelwagen*
rhinoceros *das Nashorn*
rhubarb *der Rhabarber*
ribbon *das Band*
rice *der Reis*
riding *fahren*
river *der Fluss*
road *der Fahrbahn*
robot *der Roboter*
rocket *die Rakete*
rocking chair *der Schaukelstuhl*
rocking horse *das Schaukelpferd*
rocks *die Steine*
roller skating *Rollschuhlaufen*
rollerskates *die Rollschuhe*
rolling pin *das Nudelholz*
roof tile *die Dachpfanne*
roof *das Dach*
rope *das Seil*
rose *die Rose*
rowing boat *das Ruderboot*
rowing *Rudern*
rubber duck *die Gummiente*
rubber ring *der Gummiring*
rucksack *der Rucksack*
rug *der Teppich*
ruler *das Lineal*
runner beans *die Bohnen*
running *rennen*
runway *die Startbahn*

s

sack race *Sackhüpfen*
sad *traurig*
safety helmet *der Helm*
sailing ship *das Segelschiff*
salad *der Salat*
salt *das Salz*
sand *der Sand*
sandcastle *die Sandburg*
sandpaper *das Schmiergelpapier*
sandpit *der Sandkasten*
sandwiches *die Butterbrote*
saucepan *der Topf*
saucer *die Untertasse*
sauces *die Soßen*
sausage *die Würste*
saw *die Säge*
saxophone *das Saxophon*
scales *die Waage*
scarecrow *die Vogelscheuche*
scarf *der Schal*
school *die Schule*
schoolbag *die Schultasche*
scissors *die Schere*
scooter *der Roller*
screwdriver *der Schraubenzieher*
screws *die Schrauben*
sea shell *die Muschel*
sea *das Meer*
seahorse *das Seepferdchen*
seaweed *die Alge*
second *der Zweite*
seeds *das Saatgut*
seesaw *die Wippe*
seven *sieben*
seventeen *siebzehn*
sewing machine *die Nähmaschine*
shampoo *das Haarwaschmittel*
shark *der Hai*
shawl *die Decke*
shears *die Heckenschere*
shed *der Schuppen*
sheep *das Schaf*
sheet music *das Notenblatt*

sheet *das Bettlaken*
shelf *das Regal*
shield *das Schild*
shirt *das Hemd*
shoe shop *das Schuhgeschäft*
shoes *die Schuhe*
shop assistant *der Verkäufer*
shopping bag *die Einkaufstasche*
shopping trolley *der Einkaufswagen*
short *kurz*
shorts *die kurze Hose*
shoulder *die Schulter*
shower curtain *der Duschvorhang*
shower *die Dusche*
shut *geschlossen*
shy *schüchtern*
sign *das Schild*
singing *singen*
sink *die Spüle*
sister *die Schwester*
sitting *sitzen*
six *sechs*
sixteen *sechszehn*
skateboard *das Skateboard*
skipping rope *das Springseil*
skipping *seilspringen*
skirt *der Rock*
skis *die Schier*
skittles *die Kegel*
skylight *die Dachluke*
sledge *der Schlitten*
sleeping bag *der Schlafsack*
sleeping *schlafen*
sleepsuit *der Strampelanzug*
slice of cake *das Stück Kuchen*
slide *die Rutsche*
sling *die Schlinge*
slippers *die Hausschuhe*
slow *langsam*
slug *die Nacktschnecke*
snail *die Schnecke*
snake *die Schlange*
snow *der Schnee*
snowflake *die Schneeflocke*
snowman *der Schneemann*
soap *die Seife*
soccer *Fußball*
socks *die Socken*
sofa *das Sofa*
soil *die Erde*
soldiers *die Soldaten*
soup *die Suppe*
spade *der Spaten*
spanner *der Schraubenschlüssel*
spider *die Spinne*
spider's web *das Spinngewebe*
spinning top *der Kreisel*
sponge *der Schwamm*
spoon *der Löffel*
spots *die Punkte*
spring *der Frühling*
square *das Quadrat*
squirrel *das Eichhörnchen*
stacking cups *das Stapelspiel*
standard lamp *die Stehlampe*
standing *stehen*
star *der Stern*
starfish *der Seestern*
steamroller *die Dampfwalze*
stethoscope *das Stethoskop*
stewardess *die Stewardess*
stool *der Hocker*
stork *der Storch*
storm *der Sturm*
strawberry *die Erdbeere*
streamers *die Luftschlangen*
street *die Straße*
street light *die Laterne*
street sign *das Straßenschild*
stripes *die Streifen*
submarine *das U-Boot*
sugar jar *das Einmachglas*
sugar rings *die Kringel*
sugar *der Zucker*
suitcase *der Koffer*
summer *der Sommer*
sun *die Sonne*
sun cream *die Sonnencreme*
sun hat *der Sonnenhut*
sunflower *die Sonnenblume*
sunglasses *die Sonnenbrille*
sunshade *der Sonnenschirm*
sunshine *der Sonnenschein*
swallow *die Schwalbe*
swan *der Schwan*
sweet potato *die Süßkartoffel*
sweet shop *der Süßwarenladen*
sweetcorn *der Mais*
sweets *die Süßigkeiten*
swimmer *der Schwimmer*
swimming trunks *die Badenhose*
swimming *Schwimmen*
swimsuit *der Badeanzug*
swing *der Schaukel*
sword *das Schwert*
syringe *die Spritze*

t

table *der Tisch*
tablecloth *das Tischtuch*
tablemat *das Set*
tall *lang*
tambourine *das Tamburin*
tandem *das Tandem*
tangerine *die Mandarine*
tanker *der Tankwagen*
tap *der Wasserhahn*
tarantula *die Tarantel*
tea service *das Teeservice*
teatowel *das Geschirrtuch*
teacher *die Lehrerin (der Lehrer)*
team *die Mannschaft*
teaspoon *der Teelöffel*
teething ring *der Beißring*
telephone *das Telefon*
television *der Fernseher*
temperature chart *die Fieberkurve*
ten *zehn*
tennis *Tennis*
tent *das Zelt*
thermometer *das Thermometer*
thin *dünn*
third *der Dritte*
thirteen *dreizehn*
thoughtful *nachdenklich*
three *drei*
three-legged race *Dreibeinrennen*
thumb *der Daumen*
tickets *die Flugkarten*
tie *der Schlips*
tiger *der Tiger*
tights *die Strumpfhose*
till receipt *der Kassenbon*
till *die Kasse*
timpani *die Pauke*
tissues *die Tücher*
toadstool *der Pilz*
toaster *der Toaster*
toe *der Zeh*
toilet paper *das Toilettenpapier*
toilet *die Toilette*
tomatoes *die Tomaten*
tool box *der Wergzeugkasten*
toothbrush *die Zahnbürste*
toothpaste *die Zahnpasta*
top hat *der Zylinder*
top *die Spitze*

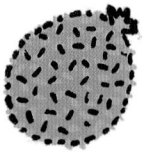

torch *die Taschenlampe*
tornado *der Wirbelsturm*
tortoise *die Schildkröte*
toucan *der Tukan*
towel *das Handtuch*
toy boat *das Segelschiffchen*
toy box *die Spielzeugkiste*
tractor *der Traktor*
trainers *die Turnschuhe*
trampolining *Trampolinspringen*
trapdoor *die Falltür*
tray *das Tablett*
treasure chest *die Schatztruhe*
treasure map *die Schatzkarte*
tree *der Baum*
triangle (instrument) *die Triangel*
triangle (shape) *das Dreieck*
tricycle *das Dreirad*
trolley (toy) *das Wägelchen*
trombone *die Posaune*
trophy *der Pokal*
trousers *die Hose*
trowel *die Schaufel*
truck *der Lastwagen*
trumpet *die Trompete*
trunk *der Stamm*
T-shirt *das T-shirt*
tummy *der Bauch*
turkey *der Truthahn*
turnip *die Rübe*
turtle *die Wasserschildkröte*
twelve *zwölf*
twenty *zwanzig*
twins *die Zwillinge*
two *zwei*

U

uncle *der Onkel*
under *unten*
up *rauf*

V

vacuum cleaner *der Staubsauger*
vase *die Vase*
vegetables *das Gemüse*
vest *das Unterhemd*
video *der Videorekorder*
village *das Dorf*
vintage car *der Oldtimer*
violin *die Geige*
visitor *der Besucher*
vulture *der Geier*

W

waistcoat *die Weste*
walker *der Spaziergänger*
walking frame *die Gehhilfe*
walking stick *der Spazierstock*
walking *gehen*
wall tiles *die Fliesen*
wallpaper *die Tapete*
wand *der Stab*
wardrobe *der Schrank*
washbasin *das Waschbecken*
washing *waschen*
washing-up liquid *das Spülmittel*
wasp *die Wespe*
wastepaper bin *der Papierkorb*
watch *die Uhr*
water *das Wasser*
water bowl *das Wasserschälchen*
water glass *das Wasserglas*
water jug *der Wasserkrug*
water pot *das Wassertopfchen*
waterfall *der Wasserfall*
watering can *die Gießkanne*
water-skier *die Wasserschier*
waves *die Wellen*
waving *winken*
weightlifting *Gewichtheben*
well *der Brunnen*
wetsuit *der Taucheranzug*
whale *der Wal*
wheelbarrow *die Schubkarre*
wheelchair *der Rollstuhl*
wheels *die Räder*
white *weiß*
wind *der Wind*
window box *der Blumenkasten*
window *das Fenster*
windsock *die Windhose*
wing *der Flügel*
winter *der Winter*
wire basket *der Korb*
wolf *der Wolf*
wooden caterpillar *die Holraupe*
wooden spoon *der Holzlöffel*
woolly hat *die Mütze*
workbench *die Werkbank*
worktop *die Arbeitsfläche*
worm *der Wurm*
wrapping paper *das Geschenkpapier*
wrist *das Handgelenk*
writing *schreiben*

X

xylophone *das Xylophon*

Y

yacht *die Jacht*
yellow *gelb*
yoghurt *der Joghurt*
yo-yo *das Jo-Jo*

Z

zebra *das Zebra*
zigzags *die Zacken*